A LA MÊME LIBRAIRIE

Capitaine LEROY. — **Après 40 mois de guerre. Ce qu'il faut savoir de la question d'Alsace-Lorraine,** in-12 . . . . 3 fr. »

HANSI. — **Mon Village** « Ceux qui n'oublient pas » 36 pages en couleurs, dessins et commentaires. — Un album format à l'italienne 33×25. . . . . . . 12 fr. »

— **Histoire d'Alsace.** Racontée aux petits enfants de France et d'Alsace. — Un magnifique album 37×30, illustré à chaque page d'images en couleurs de Hansi et de Huen. . . . . 18 fr. »

— **Professor Knatschke.** Œuvres choisies du grand savant allemand et de sa fille Elsa recueillies et illustrées par le Dr. H. P. Colli. — Un volume in-8, 25×17, illustré de nombreux dessins humoristiques à pleine page et dans le texte, broché, sous couverture illustrée en couleurs. Prix . . . . 4 fr. »

Abbé WETTERLÉ ancien député au Reichstag et à la Chambre d'Alsace-Lorraine. **Les Lendemains réparateurs** — Un vol. in-18 . . . . 4 fr. »

Abbé WETTERLE. — **L'Alsace-Lorraine Française.** Prix. o fr. 60

Général BON. — **Un Combattant de la Grande Guerre.** Causeries et Souvenirs 1914-1915. Préface de Gabriel Bonvalot. — Un volume in-18. . . . . . 4 fr. »

FRANZELE. — **Au chevet d'un Héros.** Cinq mois de veille au chevet de Paul Déroulède. — Un volume in-18 . . . . 4 fr. »

Quelques exemplaires sur papier de Hollande à 20 francs.

Edmond LASKINE. L'Internationale et le Pangermanisme. — Un volume in-8 de 480 pages. 6 fr. »

— **Les Socialistes du Kaiser.** La fin d'un mensonge. Prix. . . . . o fr. 75

Urbain GOHIER. — **Gardons la France aux Français.** . . . . o fr. 75

IMP. RENAUDIE, 11, RUE DE SÈVRES. — PARIS.

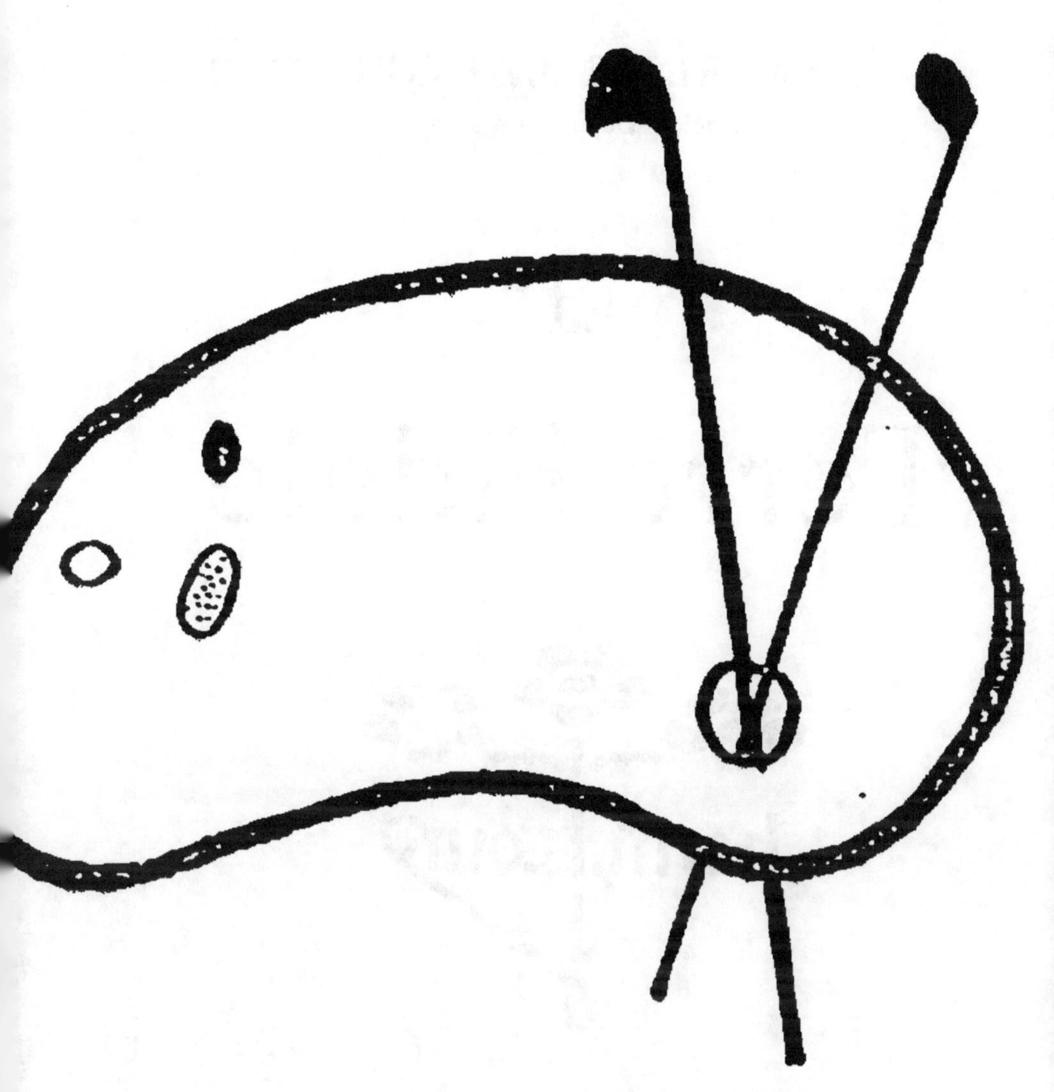

DEBUT D'UNE SERIE DE DOCUMENTS
EN COULEUR

ANSELME LAUGEL

Ancien Député d'Alsace

La
Terre Fidèle

PARIS

LIBRAIRIE H. FLOURY

1, Boulevard des Capucines

—

1918

Prix : 1 fr. 50

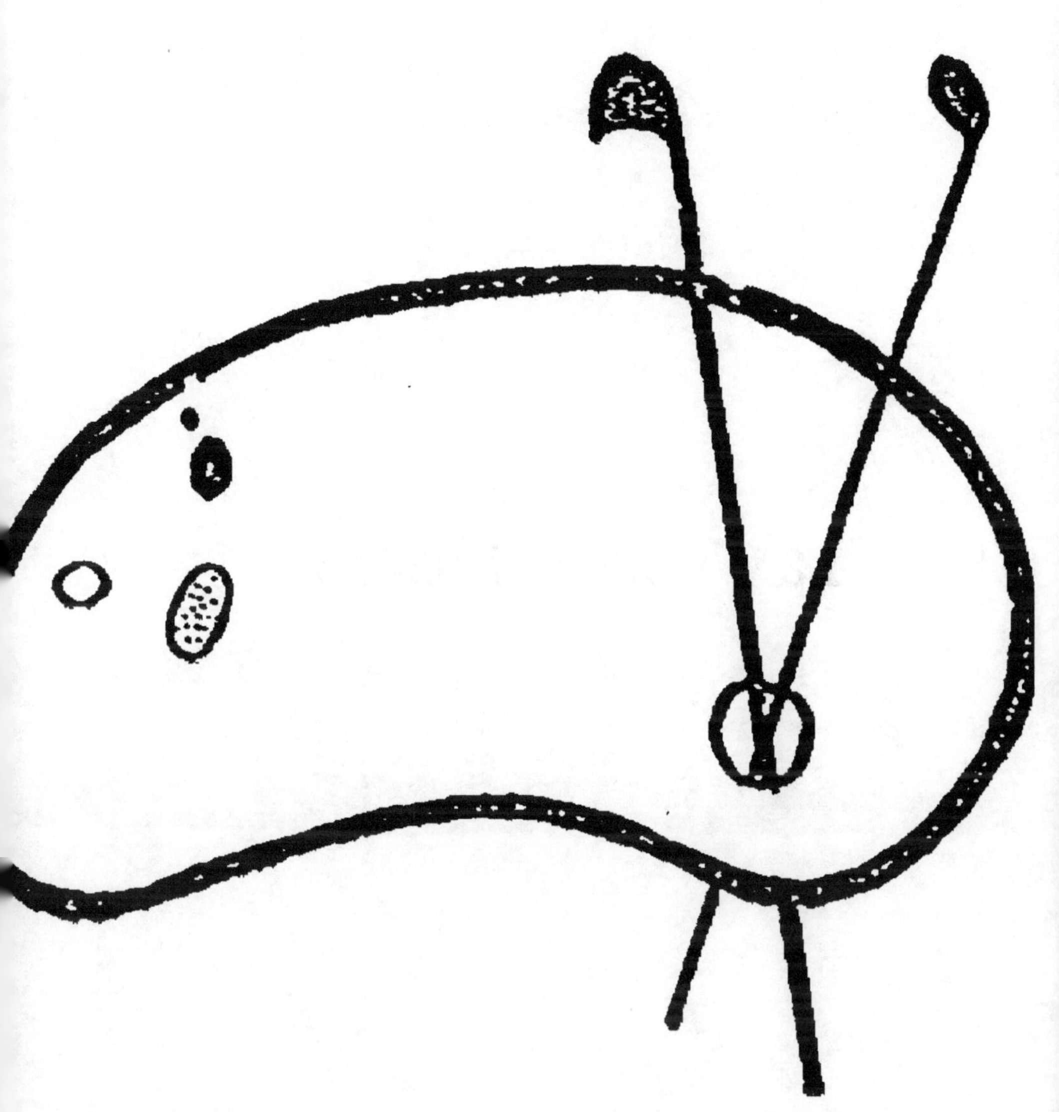

FIN D'UNE SERIE DE DOCUMENTS
EN COULEUR

La Terre Fidèle

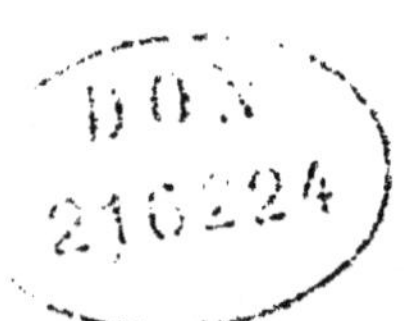

ANSELME LAUGEL

Ancien Député d'Alsace

La

Terre Fidèle

LIBRAIRIE H. FLOURY

1, Boulevard des Capucines

1918

LA TERRE FIDÈLE

Le cœur de l'Alsace

Il y a déjà de longs mois que le général Joffre se rendit à Thann pour apporter à l'Alsace le baiser de la France, et pour recevoir, en échange, le baiser que, de grand cœur, l'Alsace rendait à la France.

Ce jour-là, en effet, les Alsaciens à qui s'était adressé le général pour leur annoncer qu'ils étaient redevenus Français pour toujours, lui répondirent ces simples mots :

« Pendant quarante-quatre ans, nous avons subi toutes les tristesses et toutes les humiliations; vous voilà! mon général, tout est oublié! Vive la France! »

Tout est oublié! Quel sens faut-il donner à ces paroles?

Elles ne signifient pas que l'Alsace entend passer l'éponge sur une partie douloureuse de son passé, car on ne peut rien effacer de ce qui est inscrit dans les Annales de l'Histoire.

Elles signifient que l'Alsace, en redevenant française, se réjouit de recommencer une vie nouvelle, ou plutôt de reprendre sa vie ancienne qu'avait, pour un temps, interrompue l'odieux traité de Francfort.

Elles signifient que l'Alsace, en reprenant sa place au foyer familial de la France, compte lui apporter le témoignage ému de son inaltérable fidélité.

Elles signifient aussi que l'Alsace ne veut plus se souvenir d'avoir été autrefois cruellement abandonnée, et livrée, sans défense, à l'Allemagne détestée ; elles signifient enfin que les joies du retour effaceront définitivement le souvenir des douleurs terribles de la séparation.

Le baiser de l'Alsace à la France, est donc, à la fois, un baiser d'amour, de joie et de pardon.

Certes, l'effort que l'on exige de la France est immense, et jamais guerre n'a demandé un tel déploiement de courage, d'énergie et d'endurance ; c'est que jamais, non plus, notre pays n'a couru plus grand danger, parce que jamais il n'a eu affaire avec un ennemi mieux organisé et plus acharné à le détruire.

Déjà, en effet, ce n'est plus de l'Alsace-Lorraine seule qu'il s'agit. *Il nous faut abattre la France de telle sorte, qu'elle ne puisse jamais plus nous barrer le chemin*, dit Bernhardi, dans son livre intitulé *L'Allemagne et la prochaine guerre*. Et c'est, dans ce but, en effet, que l'Allemagne nous a déclaré la guerre, qu'elle s'est précipitée sur nous en violant les traités les plus sacrés, et qu'elle tient actuellement sous sa botte et exploite de la façon la plus cynique nos chers et malheureux départements du nord. Depuis trois ans, elle déporte en masse nos hommes, nos femmes, et nos jeunes filles en les soumettant à de sauvages traitements; depuis trois ans, elle bombarde et réduit en cendres nos villes, nos villages, ruine nos campagnes, détruit nos usines, pour se débarrasser d'une concurrence qui la gênait, et toutes ces cruautés sont réglées avec l'impassibilité et la méthode que mettrait un négociant à augmenter son chiffre d'affaires et ses bénéfices.

Il faut que tout cela soit payé; et il appartient à la France de châtier une nation de proie qui déshonore l'humanité. Comme leurs grands ancêtres qui, aux accents de la jeune *Marseillaise*, triomphaient sous la conduite de Hoche et de Marceau, nos soldats sont les défenseurs des idées de justice et de liberté; comme eux, ils répandent les vérités d'un évangile social nouveau grâce auquel les peuples conscients de leur valeur et forts de leurs droits, n'auront plus à craindre de devenir les victimes de l'ambition des forcenés.

Le but offert à nos efforts est donc digne de nous ; mais on se souviendra que ce but ne peut-être atteint que par la défaite complète de ceux qui prétendaient asservir tous les autres peuples dont ils voulaient faire ou leurs complices ou leurs esclaves. Ce n'est qu'à cette condition, que sera brisée cette coalition de barbares qui entendaient imposer au monde la honte de leur joug. Ce n'est qu'à cette condition aussi, que pourra être donnée une solution, peut-être définitive, au problème consistant à créer entre les peuples un équilibre à la fois matériel et moral qui assurera le développement de leur génie national, tout en les soumettant au contrôle d'une discipline librement discutée et consentie.

Et maintenant j'en reviens à l'Alsace, et je voudrais, tout d'abord, faire connaître ce pays où la France va entrer en libératrice, montrer quelques particularités du peuple alsacien qui est encore parfois mal jugé parce qu'il est mal connu ; puis je compte expliquer pourquoi la possession de l'Alsace est pour la France une nécessité primordiale aujourd'hui reconnue par tous les Alliés, et pourquoi l'Alsace est digne de reprendre sa place au sein de la grande famille française dont elle a été brutalement arrachée par les Allemands en 1871.

Qu'est-ce donc que l'Alsace ?

L'Alsace s'étend entre les Vosges à l'ouest et le Rhin à l'est; au sud, elle comprend le territoire de Belfort qui en faisait partie avant 1871, et au nord elle est limitée par la Lauter, petite rivière qui coule de l'est à l'ouest et qui se jette dans le Rhin à Lauterbourg.

Ce pays est d'une grande fertilité, et on y trouve, comme en France, de beaux champs bien cultivés, de grandes prairies où coulent de frais ruisseaux, des coteaux plantés de vignes, des montagnes couvertes de sombres forêts de sapins. On y trouve aussi de nombreuses usines et fabriques qui occupent tout un peuple d'ouvriers.

Histoire de l'Alsace

Dès les temps reculés, l'Alsace faisait partie de la Gaule, tout comme la Bourgogne, la Franche-Comté, la Champagne, et toutes nos autres provinces. Ses habitants parlaient la même langue avaient la même religion et les mêmes usages que les habitants de l'intérieur du pays dont ils ne se distinguaient que par leur plus grande ardeur à défendre le Rhin que les tribus germaniques cherchaient constamment à franchir.

Plus tard l'Alsace devint romaine comme tout le reste de la Gaule ; puis, elle devint française et le resta jusqu'en 843, quand le traité de Verdun l'attribua au roi Lothaire qui partagea avec ses deux frères, Charles-le-Chauve et Louis-le-Germanique, le vaste empire de Charlemagne.

Le royaume de Lothaire ne tarda pas toutefois à disparaître, absorbé par ses deux voisins, et l'Alsace fut rattachée au royaume de Germanie qui devint l'empire d'Allemagne jusqu'au moment où, en 1648, Louis XIV la réunit de nouveau à la France. Depuis Louis XIV jusqu'en 1871 — c'set-à-dire pendant plus de deux siècles — l'Alsace a été française, et son annexion à la France s'était faite d'autant plus facilement que les Alsaciens se rendirent bientôt compte que la nouvelle administration française, libérale et bienveillante, réalisait un progrès sérieux.

La Révolution acheva ce que l'ancien régime avait s ih eureusement commencé, et le sang des bons patriotes alsaciens coula abondamment sur tous les

champs de bataille où les Français combattaient
pour la cause de la liberté. Les grands principes que
proclamait alors la France étaient, depuis longtemps,
des principes alsaciens, et vous savez que c'est à
Strasbourg même que fut composée et chantée pour
la première fois notre immortelle *Marseillaise* qui
s'appela d'abord *Chant de guerre de l'armée du Rhin*,
et dont les accents ont révolutionné le monde

Puis l'Empire vint, à son tour, confondre dans une
commune gloire, les Français et les Alsaciens que
la Révolution avait déjà confondus dans un commun
amour de la justice sociale. Et lorsque vous passerez
sous l'Arc de Triomphe de l'Étoile, lisez donc les
noms qui y sont gravés et qui sont ceux des généraux
qui commandèrent les armées de la République et de
Napoléon, vous y trouverez de nombreux noms alsaciens. Je n'ai pas besoin de vous rappeler que Kléber,
Rapp, Kellermann, Lefebvre, Coëhorn, Walter,
étaient alsaciens, et qu'ils ont généreusement contribué à la gloire de la France et de l'Alsace. Ce
sont les plus illustres. Mais combien d'autres ne
pourrait-on pas citer qui ont droit, eux aussi, à notre
admiration, et qui puisèrent dans le sang alsacien
coulant dans leurs veines, les mâles qualités dont la
France fait ses héros.

Puis vient l'immense armée des inconnus tombés

obscurément sur les champs de bataille ou enterrés pauvrement à l'ombre de leur clocher natal, après avoir donné l'exemple des plus belles vertus militaires. Combien sont-ils? Nul ne le sait. Mais l'Alsace était alors une admirable pépinière de soldats, et dans les rangs des grognards qui faisaient trembler l'Europe, les Alsaciens comptaient parmi les plus superbes. Qu'ils fussent canonniers, voltigeurs, cuirassiers, dragons. grenadiers, hussards ou chasseurs, sous tous les uniformes battait le même cœur, et la vieille terre d'Alsace se réjouissait de voir tant de ses enfants répondre : présent, quand la France demandait des hommes décidés à mourir pour l'honneur de son drapeau.

L'Alsace, on le voit, a donc d'assez beaux états de service; elle peut être fière de son passé puisqu'elle ne l'a cédé en patriotisme à aucune province française; et le général Foy, au cours d'un voyage qu'il fit en Alsace, en 1821, put rendre à ce pays le magnifique témoignage suivant :

« Si jamais, dit-il dans un discours mémorable, si jamais l'amour de tout ce qui est grand et généreux s'affaiblissait dans les cœurs des habitants de la vieille France, il faudrait qu'ils passassent les Vosges et qu'ils vinssent en Alsace pous y retremper leur patriotisme et leur énergie. ».

Telles sont l'Alsace et son histoire, et je n'ai pas
besoin d'insister pour vous faire comprendre qu'il n'y
a pas en France, une terre qui soit plus française que
la terre d'Alsace.

Pourquoi les Alsaciens parlent allemand

Or, une première chose étonne quand on entre en
Alsace, c'est d'entendre les habitants parler l'allemand et vous dire qu'ils ne comprennent que très mal
le français; et vous serez certainement tentés de
penser, comme l'ont pensé bien d'autres avant vous :
mais ces gens-là sont des Boches, puisqu'ils parlent
l'allemand!

Il y en aurait long à dire sur ce sujet, et je me
contenterai de vous donner quelques sommaires
explications, en vous rappelant, tout d'abord, que
Napoléon Ier qui se connaissait en hommes, et qui
savait apprécier les Alsaciens, disait déjà : « Laissez-
les donc parler leur charabia, puisque c'est en français qu'ils se battent! »

Mais vous saurez aussi que la langue spéciale que
parlent les Alsaciens n'est pas du tout l'allemand
que parlent les Boches, c'est un patois que les Boches
ne comprennent même pas et qui se rapproche de la

langue qu'on parle en Hollande, et les Hollandais ne
sont pas des Boches; de la langue que l'on parle dans
certaines parties de la Belgique, et les Belges ne sont
pas des Boches; de la langue que l'on parle en Suisse,
et les Suisses ne sont pas davantage des Boches.

Et d'ailleurs, les Bretons ne parlent-ils pas, eux
aussi, une langue que l'on ne comprend guère? les
gens du Midi qui s'expriment en provençal ne sont-ils
pas inintelligibles pour ceux qui ne sont pas de leur
pays. Les Normands, les Angevins, les Basques, à
leur tour, n'ont-ils pas une manière de s'exprimer
spéciale? Et cependant vous n'êtes pas tentés de vous
en étonner. Pourquoi donc vous étonnerez-vous de
ne pas comprendre les Alsaciens quand il parlent
leur langue?

A l'école, ils apprenaient, il est vrai, le bon allemand, l'allemand boche, mais est-ce leur faute? Vous
saurez qu'en Alsace, comme en beaucoup d'autres
pays, les instituteurs étaient nommés par le Gouvernement. Or, le Gouvernement qui, depuis 1871, diri-
geait l'Alsace, venait, en droite ligne de Berlin, et
n'était guère disposé, par conséquent, — vous le
comprendrez aisément — à donner aux enfants alsaciens des instituteurs qui leur apprissent le français.

Les députés du pays ont, bien souvent, demandé
que l'on enseignat, dans les écoles primaires, les deux

langues : l'allemand et le français; mais ce fut en vain. Et d'ailleurs, la France elle-même, avant 1870, encourageait l'étude de l'allemand dans les écoles primaires — elle se montrait plus tolérante que l'Allemagne — parce qu'elle connaissait assez les Alsaciens pour savoir que leurs sentiments patriotiques ne seraient pas modifiés s'ils continuaient à apprendre l'Allemand, et parce qu'elle se disait qu'il était bon qu'elle eût sur sa frontière des interprètes fidèles qui faciliteraient les relations commerciales.

Si donc, aujourd'hui, l'usage du français en Alsace n'est pas plus répandu, cela tient, d'une part, à ce que, avant 1870, la France n insista pas pour qu'on apprît exclusivement le français, et d'autre part, à ce que l'Allemagne, moins libérale que la France, ne toléra, pendant près d'un demi-siècle, que l'enseignement de l'allemand.

Ne vous laissez donc pas tromper par la langue que parlent les Alsaciens. Vous ne les comprendrez pas toujours, mais leur cœur parlera pour eux un langage qui ne sera pas équivoque. Et, d'ailleurs, je puis vous assurer que, vous-mêmes, tout en parlant français, vous n'avez jamais dit tant de mal des Boches que les Alsaciens en leur mauvais patois; ils trouvaient dans leur répertoire national un vocabu-bulaire assez riche et assez énergique pour exprimer, comme il convenait, leur haine du *Schwob* dont l'arrogance et la brutalité ne leur étaient pas moins insupportables que la mauvaise foi.

Il y a en Alsace de nombreux Boches

Mais je dois vous rendre attentifs à autre chose encore; car il faudra vous souvenir d'une circonstance qui, au commencement de la guerre, a donné lieu à de regrettables méprises.

Vous saurez donc qu'il n'y a pas, malheureusement, en Alsace, que des Alsaciens; il y a aussi au milieu d'eux des Boches, de vrais Boches venus de l'autre côté du Rhin et dont vous devinez bien les sentiments.

Lorsque la France vaincue eut été contrainte, en 1871, de céder l'Alsace-Lorraine à l'Allemagne, les Allemands se ruèrent en foule sur leur nouvelle conquête pour y chercher de fructueuses situations politiques, industrielles ou commerciales. De toutes les parties de l'empire allemand, arrivèrent des gens plus ou moins tarés qui n'eurent d'autre souci que de faire oublier un passé souvent compromettant, en affectant un amour exagéré pour la plus grande

patrie allemande. Ces intrus naturellement, firent
souche, et voici, d'après les statistiques officielles,
comment se divisait, en 1910, la population habitant
l'Alsace-Lorraine :

D'après le recensement fait à cette époque, l'Alsace-
Lorraine avait 1.800.000 habitants, en chiffres ronds.
Là-dessus on comptait 174.000 Prussiens, 42,000 Ba-
varois, 34.000 Badois, 16.700 Wurtembergeois,
8.500 Saxons et 9.500 Allemands des autres états
de l'Empire. A ces 290.200 immigrés qui gardaient
leur nationalité d'origine, il faut en ajouter plus de
100.000 qui ont acquis la nationalité alsacienne-
lorraine et qui figurent, par conséquent, dans les
statistiques comme Alsaciens-Lorrains. On peut donc
affirmer avec la plus absolue certitude qu'il y avait,
en 1914, au moment de la déclaration de guerre, plus
de 400.000 Allemands authentiques domiciliés en
Alsace-Lorraine.

La France, évidemment, quand elle aura repris
possession de l'Alsace-Lorraine, saura se débarrasser
de tous ces intrus, et dans les pays occupés aujour-
d'hui par nos troupes, la sélection est faite depuis
longtemps et il n'y a plus d'erreurs possibles. Mais
partout ailleurs les Boches se cramponnent, et lorsque
notre armée poussera de l'avant et arrivera dans
les villes, à Mulhouse, à Colmar, à Schelestadt et

dans les centres industriels où, naturellement, les Allemands sont plus nombreux qu'aux villages, les difficultés recommenceront, et il pourra arriver ce qui est malheureusement arrivé en 1914, quand nos soldats après avoir été chaleureusement accueillis comme des libérateurs, eurent le sentiment d'être trahis par des individus qui signalaient leurs mouvements. Mais quels étaient ces individus sinon des Allemands mêlés à la population alsacienne, des douaniers, des employés des postes ou autres, qui avaient quitté leurs uniformes pour ne pas être reconnus, et qui se conduisirent en parfaits Boches qu'ils étaient? Ils mouchardaient, espionnaient, transmettaient sournoisement à nos ennemis tous les renseignements intéressants, et étaient d'autant plus dangereux qu'ils parlaient parfois le français mieux que les Alsaciens dont on ne se méfiait pas.

Telle est la situation compliquée que les événements ont créée en Alsace et qu'il est nécessaire de connaître pour ne pas traiter aveuglément les amis en ennemis, et les ennemis en amis; et cette situation qui a assez longtemps fait souffrir les Alsaciens, ne doit pas continuer à être pour eux un nouveau sujet d'alarmes.

Les officiers allemands, lorsqu'ils entraient en Alsace, avaient l'habitude de dire à leurs hommes de ne pas oublier qu'ils se trouvaient en pays ennemi ; et je me permettrai, moi, de dire à nos soldats, lorsqu'ils avanceront en Alsace, de ne pas oublier qu'ils se trouvent en pays ami, et de se comporter en conséquence, tout en prenant les précautions indispensables. Le danger qui résultera de la présence des Boches, parmi la population alsacienne, sera d'ailleurs vite écarté car, au bout de peu de jours de sérieuse occupation la position sera sûre : les Alsasiens, en effet, quand ils comprendront que le retour de la France est définitif, et qu'on ne pourra plus envers eux, user de représailles, comme c'est malheureusement arrivé à Mulhouse lors de l'avance et du recul de nos troupes, s'empresseront d'aider à nettoyer la place de tout élément impur.

Il importe, avant tout, de ne pas se laisser tromper par de fallacieuses apparences et d'apprendre à connaître la situation vraie du pays.

Pourquoi la France a besoin de l'Alsace

La France a besoin de l'Alsace pour pouvoir s'étendre jusqu'à la frontière orientale que la nature, elle-même, lui a assignée, et qui est, vous le savez, formée par le Rhin. Dès les temps les plus anciens, ce fleuve séparait la Gaule, c'est-à-dire la France actuelle, de la Germanie, c'est-à-dire de l'Allemagne, et on peut même ajouter qu'il a toujours séparé la civilisation de la barbarie. Pendant des siècles, la possession du Rhin a été disputée aux peuples qui habitaient sur la rive gauche, par les peuples qui habitaient sur la rive droite; et ce qu'il convient de retenir, c'est que son extension jusqu'au Rhin, c'est-à-dire sa maîtrise en Alsace a toujours été pour la France comme un gage certain de prospérité. L'Alsace, en effet, était franque sous Clovis et sous Charlemagne, elle était française sous Louis XIV; française, lorsque les bataillons de la République triomphaient, en 1793, des armées coalisées contre elle; française, enfin, sous Napoléon, et lorsque, grâce au courage de ses soldats, elle redeviendra française demain, on peut, sans crainte de se tromper, affirmer que s'ouvrira pour la France, une ère nouvelle de gloire et de bonheur public.

Et la guerre actuelle a d'ailleurs fourni une preuve irréfutable de l'état d'infériorité où se trouve notre pays quand il est privé de sa frontière naturelle : le Rhin. C'est, en effet, parce que l'Allemagne avait un pied solide sur la rive gauche du fleuve, depuis Bâle jusqu'à la Hollande, qu'il lui a été possible, en 1914, de violer la neutralité de la Belgique et d'arriver aux portes de Paris. Maîtresse du pays de Cologne, d'Aix-la-Chapelle, de Mayence, de Metz et de Strasbourg, l'Allemagne pouvait, comme elle voulait, envahir la Belgique; et la France ayant eu la faiblesse de démunir complètement sa frontière du nord, fut obligée de faire la part du feu et d'abandonner un de ses plus beaux territoires.

Certes, ce sera l'éternel honneur de notre armée d'avoir, à la Marne, opposé à l'Allemagne un front infranchissable en arrêtant le formidable effort allemand et en lui disant : tu n'iras pas plus loin. Mais l'envahissement de la Patrie, et, sans doute, la guerre elle-même et toutes ses horreurs auraient été évitées si la France de 1914, comme celle qu'avait créée, en 1795, le traité de Bâle, s'était étendue jusqu'au Rhin.

J'entends dire, parfois, qu'il y a des Français qui prétendent que l'Alsace-Lorraine ne vaut pas qu'on sacrifie pour la conquérir, tant de nobles vies françaises.

Mais, en vérité, il ne s'agit pas de savoir ce que vaut l'Alsace-Lorraine, il s'agit de savoir ce que doit, à l'avenir, valoir la France ; il s'agit de rendre à la France la place d'honneur qu'elle a toujours occupée dans le monde. La reprise de l'Alsace-Lorraine ne doit donc être regardée que comme l'expression bien nette de la France, de ne pas se laisser amoindrir, ni de permettre que l'on continue à porter atteinte à son indépendance nationale. Ce n'est pas l'avenir de l'Alsace-Lorraine qui est en jeu, c'est l'avenir même de la France, car tout pays qui abandonne une partie de son patrimoine ressemble à un homme qui se laisserait enlever un lopin de sa terre : il accepte sa décadence ; et la France en renonçant définitivement à l'Alsace-Lorraine, n'aurait fait qu'encourager l'Allemagne, dont les appétits sont insatiables, à de nouvelles spoliations. La France, sans l'Alsace-Lorraine n'est pas complète ; elle doit s'étendre jusqu'au Rhin si elle veut écarter la perpétuelle menace allemande ; et pour pouvoir jouer dans le monde son rôle nécessaire, elle a besoin de tous ses moyens : son extension jusqu'à ses frontières naturelles les lui fournira.

Cette vérité est aujourd'hui reconnue par tous les Alliés, car, dernièrement, sur la place de la Concorde, au pied de la statue de Strasbourg, le prince Colonna, maire de Rome, et M. O'Connor, maire de la ville de Dublin ont, tous deux, affirmé de la façon la plus formelle, au nom de leurs gouvernements, qu'ils regardaient Strasbourg comme une sentinelle avancée de la France placée au bord du Rhin avec la consigne d'en surveiller attentivement les rives. Et dans un journal anglais on a pu lire, le 6 juin dernier, que l'Alsace-Lorraine est la pierre angulaire sur laquelle la France doit fonder sa position, et que tous les Alliés, approuvent sa reprise avec enthousiasme.

L'Alsace-Lorraine
est digne de revenir à la France

Je voudrais vous faire voir maintenant que l'Alsace-Lorraine, si nécessaire à la grandeur de la France, a aussi le droit de reprendre sa place au sein de la grande famille d'où elle a été arrachée en 1871, parce que, pour conserver son cœur à la France, elle n'a pas hésité à accepter, pendant près d'un demi-siècle, les plus dures épreuves, et mon ambition serait de vous convaincre que si mon pays doit nécessairement revenir à la France, il mérite aussi de lui appartenir, car Dieu sait au prix de quelles peines il s'est rendu digne de cet honneur.

C'est donc cette Alsace, dont le général Foy vantait autrefois, dans les termes que j'ai rappelés, le patriotisme et l'énergie ; c'est cette Alsace que l'Allemagne, après sa victoire, en 1871, résolut de s'annexer, et qui devint, vous le savez, la triste rançon de la France vaincue. L'Allemagne ne permit pas alors que la population alsacienne-Lorraine fût consultée, elle se contenta d'imposer sa volonté, et l'iniquité suprême de la séparation se consomma malgré les unanimes protestations des représentants officiels de l'Alsace-Lorraine.

Protestations de l'Alsace-Lorraine contre son annexion à l'Allemagne

Une première protestation eut lieu le 17 février 1871 — il ne s'agissait alors que des préliminaires de la paix — quand, devant l'Assemblée nationale réunie à Bordeaux, M. Keller, député du Haut-Rhin, lut une vibrante déclaration signée par tous ses collègues d'Alsace et de Lorraine, et dont voici les conclusions :

« En foi de quoi, nous prenons nos concitoyens de France, les gouvernements et les peuples du monde entier à témoin que nous tenons d'avance pour nuls et non avenus tous actes et traités, vote ou plébiscite qui consentiraient abandon en faveur de l'étranger, de tout ou partie de nos provinces d'Alsace et de Lorraine.

« Nous proclamons, par les présentes, à jamais inviolables, le droit des Alsaciens et des Lorrains de rester membres de la Nation française, et nous jurons tant pour nous, que pour nos commettants, nos enfants

et leurs descendants, de la revendiquer éternellement et par toutes les voies, envers et contre tous les usurpateurs. »

Une seconde protestation eut lieu le 1ᵉʳ mars 1871 — encore à Bordeaux — quand l'Assemblée nationale vota, par 546 voix contre 107, la cession de l'Alsace-Lorraine à l'Allemagne. Après le scrutin, M. Grosjean, au nom de ses collègues des territoires cédés, donna lecture d'un acte où il était dit :

« *Livrés au mépris de toute justice et par un odieux abus de la force, à la domination de l'étranger, nous avons un devoir sacré à remplir.*

« *Nous déclarons, encore une fois, nul et non avenu, un pacte qui dispose de nous sans notre consentement.*

« *La revendication de nos droits reste à jamais ouverte à tous et à chacun dans la forme et dans la mesure que notre conscience nous dictera.* »

Et il ajouta :

« *Nous vous suivrons de nos vœux, et nous attendrons avec une confiance entière dans l'avenir, que la France régénérée reprenne le cours de sa grande destinée.*

« *Vos frères d'Alsace et de Lorraine séparés, en ce moment, de la famille commune, conserveront à la France absente de leurs foyers, une affection filiale jusqu'au jour où elle viendra y reprendre sa place.* »

Telles sont les dernières paroles que les députés
d'Alsace et de Lorraine firent entendre dans une
Assemblée parlementaire française; et ces paroles si
nobles et si touchantes sont devenues pour tous les
Alsaciens et pour tous les Lorrains comme une sorte
d'évangile auquel ils s'efforcèrent, quoique avec des
formes diverses, de conformer leur vie publique.

Et à ces protestations, en somme faciles, puisqu'elles furent faites par des députés français devant
une Assemblée française, il convient de joindre cette
autre manifestation d'une admirable fermeté, que
firent les députés alsaciens-lorrains à la Chambre
allemande, au *Reichstag*, à Berlin, lorsque le 18 février 1874, ils vinrent y siéger pour la première fois.

Ce jour-là, M. Teutsch, député de l'arrondissement
de Saverne, au milieu des cris de colère, des rires,
des insultes de l'Assemblée à laquelle il s'adressait,
et parlant au nom de tous ses collègues, lut un texte
dont voici la traduction :

« *L'Allemagne, dit-il, a dépassé les limites du droit
en contraignant la France vaincue au douloureux
sacrifice de voir un million et demi de ses enfants lui
être arrachés.*

« *Au nom des Alsaciens-Lorrains victimes du traité
de Francfort, nous sommes venus protester contre
l'abus de la force commis envers notre pays... Jamais*

nous ne pourrons approuver cette manière d'agir qui révolte notre raison, non moins que nos cœurs qui se sentent irrésistiblement attirés vers la France ; et nous ne serions pas dignes de votre estime, si nous n'éprouvions pas ces sentiments.

« Après deux siècles de communauté de pensée, d'efforts et d'action, les liens qui nous unissent à la France sont devenus si puissants, que ni vos arguments, ni, moins encore, la force brutale ne sauraient les rompre. »

C'est par ces magnifiques paroles enregistrées par l'Histoire comme un rare acte de courage civique et prononcées, ne l'oubliez pas, devant des Allemands encore tout grisés de leurs victoires; et c'est sur les protestations de Bordeaux que la France peut aujourd'hui s'appuyer pour reprendre possession de l'Alsace-Lorraine, en annulant l'effet de la cruelle injustice qui fut, en 1871, commise par l'Allemagne.

Quels que soient les événements qui se produisirent depuis cette néfaste époque, quelles que soient les constitutions qui ont été données à l'Alsace-Lorraine, quels que soient les votes qui ont été émis et les vœux qui ont été formulés, ce sont les déclarations de Bordeaux et de Berlin qui restent les seules expressions spontanées de la volonté nationale des Alsaciens-Lorrains, et, par conséquent, les seuls actes dont la

France puisse et doive reconnaître l'autorité. Rien de ce qui a été fait depuis cette époque ne saurait valablement atténuer la force de ces solennelles déclarations.

Les suites immédiates de l'annexion

Les Allemands, d'ailleurs, en s'emparant de l'Alsace-Lorraine, ne tardèrent pas à dévoiler la nature des sentiments qui les animaient envers leur nouvelle conquête.

Le traité de Francfort avait reconnu aux Alsaciens-Lorrains annexés à l'Allemagne le droit de rester français en faisant une déclaration d'option pour la France. Or, le nombre de ceux qui firent usage de cette faculté devint bientôt si considérable que le gouvernement Allemand s'effraya de cette manifestation qui prenait l'air d'un véritable plébiscite, et stipula — en appliquant arbitrairement les dispositions du traité de paix — que seule serait valable l'option des Alsaciens-Lorrains qui quitteraient leur pays d'origine et se rendraient effectivement en France.

Il vous sera facile, de vous imaginer ce que cela voulait dire, si vous vous mettez, pour un instant, à la place de ces gens qui, pour rester français, furent obligés d'abandonner leurs maisons, leurs villages, les quelques champs que leur avaient légués leurs pères.

Vous qui êtes tous, comme les Alsaciens et comme les Lorrains, attachés à votre pays natal, vous qui aimez le coin de France où vous avez été bercés et où sont bercés vos enfants, où se sont succédé les hommes et les femmes de votre race, où vos ancêtres ont travaillé la terre en la fécondant de leur sueur pour en tirer le pain quotidien, et où tous vos anciens dorment leur grand sommeil à l'ombre de la petite église, que feriez-vous, je vous le demande, s'il vous fallait, pour demeurer officiellement français, quitter ce pays, et abandonner les chères habitudes qui vous lient à la terre bénie? Auriez-vous le courage de vous en aller et d'arracher de votre cœur les racines qui l'attachent au sol?

Eh bien! ce courage, deux cent mille Alsaciens et Lorrains l'ont eu. On eût dit, écrivit un témoin oculaire, ces formidables émigrations de fourmis voyageuses de l'Amérique du Sud, tant les routes et les lignes de chemins de fer étaient encombrées; et l'on vit un malheureux alsacien, déjà vieux et malade, rendre le dernier soupir sur le quai de la gare de Nancy, en remerciant Dieu de lui avoir permis de mourir en France.

Tels furent les premiers effets de l'annexion de l'Alsace-Lorraine à l'Allemagne; et dans toutes les parties de la France et jusqu'en Algérie, nous trouvons aujourd'hui des descendants de ces hommes qui n'hésitèrent pas à quitter leur petite patrie, pour donner à leur grande patrie un témoignage d'amour et de fidélité.

Les sentiments actuels des Alsaciens-Lorrains

Mais, me direz-vous, tout cela, c'est de l'histoire anciennne, et ce n'est plus de cela qu'il s'agit aujourd'hui. Nous voudrions savoir quels sont actuellement, les sentiments des Alsaciens-Lorrains. Ne seraient-ils pas, par hasard, eux aussi devenus des Boches, puisqu'ils servent dans l'armée allemande?

Pour répondre à cette question que vous êtes certainement en droit de me poser, je ne vous ferai pas de longues théories, je me contenterai de citer des faits qui vous permettront de juger vousmêmes.

Dès le commencement des hostilités, en août 1914, les Allemands qui, eux, ne se trompaient pas sur les sentiments des Alsaciens-Lorrains, arrêtèrent de nombreuses personnes dont la liste avait été soigneusement dressée à l'avance et les déportèrent en Allemagne.

Puis des Conseils de guerre institués un peu partout en Alsace-Lorraine, furent chargés de réprimer sévèrement toutes les manifestations auxquelles aurait été tentée de se livrer la population, et je ne puis résister à la tentation de citer quelques-uns des jugements rendus par ces implacables tribunaux, car rien ne peut faire mieux juger de l'état d'esprit actuel des Alsaciens.

L'abbé Théophile Seiler, de Levoncourt, est condamné, par arrêt du Conseil de guerre de Mulhouse, en date du 5 décembre 1915, à six semaines de prison, pour avoir flétri les violateurs de la Belgique.

La fille du pasteur Stern, de Mulhouse, est condamnée le 10 novembre 1915, à un mois de prison par le même tribunal et pour le même méfait.

Le journalier Laurent Maus, de Mulhouse, a crié : Vive la France! le cultivateur Charles Christ, également de Mulhouse, a crié : Vive la République! le rentier Rhein, de Schiltigheim, a chanté la *Marseillaise*, à Strasbourg, devant l'hôtel du général commandant la place von Falkenhausen ; les Conseils de guerre de Mulhouse et de Strasbourg leur infligèrent quinze jours, un mois et huit mois de prison.

M. Giessmann, maître-tailleur, vieillard de 70 ans,

fut condamné à six semaines de prison pour avoir salué des prisonniers français dans une rue de Strasbourg.

Melchior Risacher, à Rimbach-Zell, et Charles Menger, journalier à Gerstheim, se déclarent français de cœur et appellent les Français de leurs vœux; ils sont condamnés à deux mois et demi de prison.

Ernest Conrad, de Schelestadt, paie de quinze jours de prison, le plaisir d'avoir parlé le français dans la rue.

Le maire de la Broque, dans la vallée de la Bruche, M. Humbert, est poursuivi pour s'être entretenu, dans la rue en français, avec les habitants de cette commune. Le conseil de guerre de Strasbourg, après avoir insisté dans ses considérants, sur l'inconvenance (*sic*) de la conduite de cet officier municipal et sur le mauvais exemple qu'il donnait à ses administrés, le condamna à trois mois de prison.

Une religieuse, sœur Valentine, est condamnée, le 14 décembre 1915, par le conseil de guerre de Mulhouse à *cinq ans* de reclusion. Cette brave femme avait soigné les blessés français avec beaucoup de dévouement, au commencement d'août 1914, dans un hôpital privé installé au couvent des rédemptoristes de Riedesheim. Elle fut poursuivie pour avoir refusé d'admettre à son hôpital un blessé allemand, alors qu'un grand nombre de lits, dit le jugement, étaient occupés par des Français non blessés, et pour avoir caché dans un grenier les cartouches des blessés français.

Le 21 mars 1916, le vicaire Horser, de la paroisse de Saint-Etienne de Mulhouse, est condamné à cinq mois de prison pour avoir manifesté des sentiments anti-allemands devant ses élèves ; et le 29 mars de la même année, les sœurs d'école Ludwine et Emérentine, de Guebwiller, sont gratifiées chacune de six mois de prison, pour le même crime.

Le 17 mars 1916, l'artisan Boesch, de Colmar, se voit infliger un mois de prison pour avoir parlé avec dédain de l'Allemagne et du service militaire allemand.

Le 20 mars, M. Haumesser, entrepreneur de peinture à Grussenheim, est condamnée à *dix ans* de réclusion, parce que, pendant l'occupation française, il signala aux Français un employé des mines dont il convenait de se méfier.

Il n'est pas nécessaire, je pense, de se donner beaucoup de mal pour tirer de ces condamnations et de bien d'autres que l'on pourrait citer, une conclusion qui s'impose ; et vous serez certainement d'accord avec moi, quand je dirai que tous ceux qui n'ont pas craint d'encourir les colères de l'Allemagne ont aussi bien mérité de la France, en faveur de qui ils se sont si nettement et si courageusement prononcés.

Et comme, en Alsace, la bonne humeur ne perd jamais complètement ses droits, permettez-moi de citer une historiette amusante :

Un brave homme de Colmar fut traîné, après bien d'autres, devant le conseil de guerre, pour avoir, en pleine rue, crié : Vive la France! Au cours de l'interrogatoire, le président insista maladroitement pour connaître les motifs qui avaient poussé l'accusé à pousser ce cri évidemment séditieux, comme si ces motifs ne se devinaient pas d'eux-mêmes, notre homme répondit : « Eh bien ! monsieur le président, puisque vous êtes assez aimable pour me demander mes raisons, je vais vous les dire le plus franchement du monde : Vous saurez donc que je suis marié, et que ma femme, malheureusement, a un sacré sale caractère, en sorte que nous ne faisons pas toujours très bon ménage... J'ai alors pensé qu'en criant, dans la rue, Vive la France! vous me condamneriez à huit jours de prison, et ce sera toujours ça de moins à vivre avec elle. » Les juges ahuris par cette explication imprévue, lui octroyèrent quinze jours de cellule, et l'homme de riposter : « Merci, messieurs, vous êtes vraiment bien bons, je n'osais en espérer autant! »

Les Alsaciens-Lorrains dans l'armée française

Et ne croyez pas que l'effort alsacien-lorrain, pour lutter contre l'Allemagne, se contenta de prendre un caractère frondeur ou narquois qui menait nos compatriotes devant les tribunaux et en prison : c'eût été pour lui trop peu de chose.

En effet, quand une fois l'Alsace-Lorraine eut compris que la guerre était devenue inévitable, elle comprit aussi toute la grandeur de ses devoirs, et plus de vingt mille de ses enfants, dont beaucoup ne parlent pas un mot de français, vinrent spontanément, et souvent au prix des plus grands dangers, se mettre au service de la France, et s'engager dans ses régiments.

Nous recueillerons pieusement, plus tard, les noms de tous ces braves garçons dont beaucoup sont déjà tombés, qui n'ont pas oublié qu'ils étaient, comme vous-mêmes, les petits-fils des vainqueurs de Valmy et d'Iéna, les fils des glorieux vaincus de Vissembourg, de Frœschwiller, de Gravelotte et de Bazeilles, et qui, lorsque la France eut été contrainte à prendre les armes pour défendre son honneur, ont tenu à lui apporter l'appoint de leur courage et de leur sang.

La France doit donc faire à ses soldats alsaciens et à ses soldats lorrains l'honneur d'une estime toute particulière, parce qu'en venant librement, de leur plein gré et parfois non sans danger, se mettre à son service, ils ont su faire de leur volonté l'émule généreux de leur cœur.

Les Alsaciens-Lorrains dans l'armée allemande

Malheureusement, ici encore, se révèle un trait émouvant de la situation que les événements ont faite à l'Alsace-Lorraine, car bien des Alsaciens, n'ayant pu s'échapper à temps des griffes allemandes, sont obligés de se battre dans les rangs de nos ennemis ; et, pour vous dévoiler l'état d'esprit de mes malheureux compatriotes qui sont soldats en Allemagne, je vous raconterai les tragiques histoires suivantes :

Un jeune alsacien dont je pourrais vous donner le nom car sa famille m'est connue, fut contraint de marcher avec les Allemands, et, ayant été très grièvement blessé, soigné à Strasbourg. Peu de temps avant sa mort — car le pauvre enfant ne tarda pas à mourir — ses parents purent se rendre à son chevet. En voyant son père, il rassembla ce qui lui restait de forces, et lui fit comprendre qu'il avait quelque chose d'important à lui communiquer en grand secret. Le père approcha son oreille de la bouche de son enfant qui, d'une voix mourante lui dit : « Sois tranquille, mon père je n'ai pas tiré sur eux. »

Eux, vous le devinez, c'étaient les Français.

Et cette autre histoire :

Parmi les prisonniers allemands blessés et transportés dans un hôpital du centre de la France, après une affaire du début de la guerre ; se trouvait un Alsacien frappé d'une balle à la tête et dont l'état fut reconnu très grave. Au bout de peu de temps, il se sentit mourir, et raconta péniblement au médecin-major ce qui lui était arrivé : « — Je faisais, dit-il, mon service militaire en Allemagne quand survint la déclaration de guerre, je n'ai pu me sauver et je fus contraint de marcher avec mon régiment. Mais je me jurai à moi-même de ne pas tirer un seul coup de feu contre les Français, et je tins la parole que je m'étais donnée. Quand il le fallait, je mettais en joue, mais mon fusil n'était pas chargé et je jetais mes cartouches. Au bout de peu de temps, l'officier qui nous commandait s'aperçut de mon manège, et, comme nous battions en retraite, me tira un coup de revolver en m'accablant d'injures. Quand je revins à moi, 'étais dans une ambulance française et l'on m'a bien soigné. Je sens maintenant que je vais mourir, et c'est pour la France que je donne ma vie. Tâchez. continua-t-il, que mes parents soient, plus tard, informés de tout ceci, et l'idée que j'ai fait tout mon devoir, les consolera de ma mort. Vive la France! »

L'histoire que je viens de raconter fournit un exemple admirable de cette discipline qui relie les générations alsaciennes. Le père de ce pauvre enfant qui mourait dans des conditions si terribles, portait fièrement sur sa redingote du dimanche, le ruban noir et vert des médaillés de 1870, et dans un coin de la grande chambre où la famille s'assemblait pour les repas, près du poële, à côté du petit bénitier de cuivre, il avait accroché son portrait, image bariolée d'un cuirassier faisant caracoler son cheval; et l'enfant, parce qu'il avait toujours vu cette image, parce qu'il avait bien souvent écouté le récit que le père faisait de ses anciennes batailles contre les Allemands, et de ses bonnes garnisons françaises, s'était peu à peu imprégné du sentiment que la France devrait être quelque chose de grand, et, la regardant comme une sorte de princesse lointaine infiniment séduisante, n'avait pas hésité à mourir pour elle.

Pourquoi les Alsaciens-Lorrains ont été obligés de devenir soldats allemands

Peut-être vous étonnerez-vous que l'Alsace-Lorraine si elle est, en effet, animée des sentiments que j'ai essayé de vous dépeindre, ait pu fournir des soldats à l'Allemagne !

Mais, vraiment, comment donc aurait-elle pu s'y prendre pour n'en pas fournir ?

Je vous ai parlé de la formidable immigration allemande en Alsace-Lorraine, et je vous ai dit qu'on pouvait estimer à plus de 400.000 le nombre des Allemands qui y étaient fixés. Le danger que faisait courir à notre pays cette incessante arrivée d'étrangers hostiles était, par conséquent, immense, car l'avenir national se trouvait en jeu. Et, pour conjurer ce danger, nous n'avions d'autre moyen que de ne pas céder la place, et de nous cramponner d'autant plus solidement au sol de nos ancêtres, que les Allemands proclamaient hautement leur intention de procéder à un renouvellement complet de la population alsacienne-lorraine et de ne pas reculer

devant les moyens que la Prusse avait déjà employés
en Pologne.

Or, pour pouvoir rester, utilement, dans leur pays,
pour conserver l'influence traditionnelle qu'ils de-
vaient exercer, ne fallait-il pas que les Alsaciens-
Lorrains jouissent des droits civils indispensables?
Ne fallait-il pas, par conséquent, qu'ils se soumissent
à toutes les obligations, et qu'ils payassent jusqu'au
cruel impôt du sang lui-même?

L'épreuve, certes, était pénible. Mais les Alsaciens-
Lorrains, heureusement, comprirent la nécessité de
ce sacrifice, et ils surent le faire en se disant que c'est
pour la France qu'ils souffraient, pour la France à
qui ils pouvaient, à ce prix, conserver l'âme même
de leur pays; et nous arrivons à cette conclusion
logique malgré son apparente invraisemblance, de
devoir dire que c'est en devenant soldats allemands,
que les Alsaciens-Lorrains empêchaient l'Alsace-
Lorraine de devenir, elle-même, allemande; et la
soumission au service militaire allemand devenait le
prix terrible auquel il fallait acheter l'indépendance
nationale du pays, la rançon nécessaire de l'idée
française en Alsace-Lorraine.

Pas de plébiscite

Vous savez qu'il a été quelquefois question, dans ces derniers temps, de demander aux Alsaciens-Lorrains, eux-mêmes, de se prononcer sur la question du retour de leur pays à la France, c'est-à-dire de soumettre cette question à un plébiscite.

Après les explications que j'ai eu l'honneur de donner, vous comprendrez aisément qu'un plébiscite est, à la fois, impossible et inutile.

Il est impossible, parce qu'il y a en ce moment, en Alsace-Lorraine, comme je l'ai dit et répété, quatre cent mille Allemands authentiques, vrais Boches venus des quatre coins de l'Allemagne, qui ne peuvent avoir le droit de se prononcer en cette affaire. Consulter ces gens-là, c'est comme si on donnait à un brigand le droit de déclarer s'il veut garder ou rendre l'argent qu'il a volé.

D'autre part, dans le monde entier, sont disséminés des milliers d'Alsaciens-Lorrains qui ont quittté leur pays, en 1872, pour ne pas devenir Allemands, qui, par conséquent, devraient avoir le droit de se prononcer quand il s'agira de réparer les injustices dont ils ont si cruellement souffert. Ne pas les consulter, c'est comme si on refusait à la victime d'un brigand de réclamer le bien qui lui a été volé. Or, il serait pratiquement impossible de recueillir leur vote.

J'ajoute qu'un plébiscite est inutile.

Il est inutile, parce que les protestations de Bordeaux et de Berlin suffisent pour établir la volonté des Alsaciens-Lorrains. Et pourquoi la France, victorieuse à son tour, accepterait-elle une condition dont l'Allemagne n'a rien voulu savoir?

Il est inutile enfin parce que les Alsaciens-Lorrains ont, depuis quarante cinq ans, donné tant de preuves de leur attachement à la France qu'il n'est pas nécessaire de leur demander leur avis. Leurs actes ont assez éloquemment parlé pour eux. On n'a pas le droit de mettre en doute la sincérité des sentiments de ceux qui n'ont pas hésité à sacrifier jusqu'à leur vie, pour l'honneur de la Patrie française.

L'Alsace-Lorraine n'est pas la cause de la guerre

Qu'ajouterais-je encore, sinon que ce n'est pas l'Alsace-Lorraine qui a occasionné la terrible mêlée dont nous suivons avec émotion, les péripéties.

Ce n'est pas le règlement de la question d'Alsace-Lorraine qui a mis le feu aux poudres — à ces fameuses poudres que l'empereur allemand recommandait à son peuple de tenir sèches.

L'Alsace-Lorraine s'est pliée sans révolte extérieure au sort que lui avait fait le traité de Francfort accepté par la France, et attendait l'heure de la délivrance, en suppliant la Providence de ne pas la faire payer trop cher.

Les vraies causes de la guerre, vous les connaissez : ce sont l'orgueil effronté, la morgue pesante, le pédantisme obstiné et massif d'un peuple grisé par des succès dont l'habitude lui manquait, qui regardait la guerre comme une industrie nationale d'où dépendait la prospérité matérielle de la Nation.

Les vraies causes de la guerre, ce sont les prétentions du pangermanisme insolent et brutal qui voulait étendre sa suprématie sur toutes les nations du globe, et qui, dans son outrecuidance, ne craignait pas d'associer Dieu, lui-même, à la fureur de ses ambitions.

C'est l'Allemagne, ne l'oublions jamais, qui nous a déclaré sans aucun motif, une guerre injuste mais qu'elle avait préparée avec un soin dont nous aurions dû davantage nous préoccuper, car à ce prix, nous l'aurions peut-être évitée.

C'est l'Allemagne qui, de sang-froid et pensant que le moment était venu de réaliser son plan de conquête mondiale, a déchaîné ce terrible ouragan.

Mais l'Allemagne s'est lourdement trompée en croyant à son triomphe certain : La France et ses alliés sont en train de lui faire reconnaître son erreur, et de rétablir la paix du monde en le débarrassant, à tout jamais, des intrigues d'une puissance qui ne pensait qu'à asservir et à opprimer. La reprise de l'Alsace-Lorraine ne sera qu'une des conditions nécessaires de la victoire française.

CONCLUSION

Notre devise à tous, doit être : Jusqu'au bout ! Car il serait honteux d'arrêter notre effort quand déjà le plus dur du rude et glorieux travail est fait.

L'Alsace-Lorraine, évidemment, c'est quelque chose ; mais l'Alsace-Lorraine ne serait rien, absolument rien, si, en revenant à la France, elle ne lui apportait pas aussi la certitude que le repos du monde est défienitivement assuré.

Dans cent ans d'ici, aucun de nous n'existera plus, — moi, je partirai peut-être déjà demain. — Et qu'est-ce, au fond, que la vie ?

Mais dans mille ans encore, on célébrera la mémoire de ceux qui, auront contribué à la victoire complète de la civilisation sur la barbarie ; dans mille ans encore, les Français tresseront des couronnes aux héros qui, dans des batailles gigantesques, au prix d'efforts inouïs et des plus cruels sacrifices, auront travaillé à l'honneur de l'Humanité et au salut de la Patrie !

Quant à l'Alsace, elle restera ce qu'elle a été jusqu'ici : le gage de la grandeur française, et son cœur qui a toujours battu pour la France, donnera à la vie française un rythme plus calme, plus régulier, et plus conforme à ses destinées éternelles.

TABLE

ORIGINAL EN COULEUR

NF Z 43-120-8